Avda. Diagonal, 662-664, 08034 Barcelona (España)
www.planetadelibrosinfantilyjuvenil.com
www.planetadelibros.com
Primera edición: octubre de 2016
ISBN: 978-84-9951-833-6
Depósito legal: B. 16.948-2016
Impreso en España

LIBROS DISNEY

En medio del océano destacaba la bonita isla de Motunui. Sus habitantes, que nunca cruzaban el arrecife de coral que la rodeaba, vivían protegidos de las tormentas y disfrutaban de unas aguas tranquilas y una abundante pesca.

Los ancianos mantenían vivas las leyendas, en especial la de Te Fiti, la isla madre. Se decía que del corazón de esta diosa brotaba la vida, y de ahí se extendía por todo el mundo.

Sin embargo, un día, el semidiós Maui se convirtió en halcón gracias a su anzuelo mágico y robó el corazón de Te Fiti. Cuando intentó huir, sufrió un ataque de Te Kā, un descomunal demonio de tierra y fuego. Maui, su anzuelo y el corazón se perdieron en el mar y nadie los volvió a ver nunca más.

Tala, la abuela de Vaiana, disfrutaba relatando esta leyenda a los niños de la aldea.

—Y ahora —siguió Tala—, mil años después, Te Kā y otros demonios siguen merodeando por los mares, ocultándose en una oscuridad que se extiende, ahuyentando a los peces y consumiendo la vida de las islas. Pero un día alguien emprenderá un viaje más allá del arrecife, encontrará a Maui y juntos devolverán el corazón a Te Fiti. Y así nos salvará a todos.

Excepto Vaiana, todos los niños se quedaron aterrorizados.

Mientras los otros niños lloriqueaban, Vaiana fue hasta la playa. Iba a recoger una caracola cuando vio una cría de tortuga que intentaba llegar al mar. Vaiana la guió hasta el agua protegiéndola de unos pájaros hambrientos.

Mientras observaba como se alejaba la tortuga, pareció que el océano le daba las gracias: las aguas retrocedieron y se formó un túnel de paredes de agua que dejó al descubierto un camino de caracolas. Así, el océano la invitaba a adentrarse en él.

El mar le regaló una piedra verde brillante con una espiral: ¡era el corazón de Te Fiti!

En ese momento, el jefe Tui llamó a su hija. El océano rápidamente la llevó hasta la orilla, antes de que su padre llegara.

Cuando Tui abrazó a Vaiana, a la niña se le cayó la reluciente piedra.

Entonces llegó su madre, Sina, y los tres se fueron hacia la aldea.

—Volvamos a la cabaña —dijo Tui—. Vaiana, un día serás la gran jefa de nuestro pueblo —afirmó.

—Y harás cosas maravillosas, mi pequeña—añadió su madre.

—Claro —asintió Tui—, pero antes debes descubrir quién eres.

A medida que Vaiana crecía, Tui le iba enseñando todas las costumbres y tradiciones de Motunui.

Los aldeanos trabajaban, se divertían y vivían felices. Todos daban las gracias a la isla porque les proporcionaba todo lo que necesitaban para vivir: cocos, peces y productos de la cosecha.

Incluso agradecían
la existencia de Heihei,
un gallo algo bobalicón.

Cuando Vaiana se hizo mayor, sus padres le regalaron un tocado especial. El jefe Tui estaba seguro de que su hija iba a ser una gran jefa.

Sin embargo, a Vaiana le atraía mucho el mar. Sólo su abuela Tala la animaba para que nunca abandonara su pasión.

Cuando Vaiana cumplió dieciséis años, el jefe Tui la llevó a la cima de la montaña más alta de Motunui. Se trataba de un lugar sagrado donde todos los jefes de la isla habían colocado una piedra simbólica en el momento de asumir su cargo. Según Tui, cuando Vaiana estuviera preparada para poner su piedra en la montaña, haría crecer la isla, tal como habían hecho las piedras de cada uno de los jefes anteriores.

Al ver que Vaiana no podía evitar dirigir su mirada al océano, Tui le recordó que su futuro no estaba en el mar, sino en la aldea.

—Tú eres el futuro de tu pueblo, Vaiana —le insistió—, y la gente no está allá, sino justo aquí.

Como futura jefa, Vaiana debía escuchar las preocupaciones de los habitantes de la isla; la gente esperaba que ella resolviera sus problemas. Las cosechas eran deficientes y no quedaban peces en la laguna. Vaiana les sugirió que fueran a pescar más allá del arrecife, a mar abierto.

Cuando Tui se enteró, se enfadó mucho con ella y le insistió en que dejara de pensar en el mar.

—¡Nadie irá más allá del arrecife!

Más tarde, Sina contó a Vaiana que una vez Tui también se había sentido atraído por el mar. Pero un día navegó más allá del arrecife y sufrió la crueldad de aquellas aguas. Por eso, no podía permitir que nadie se enfrentara a ese peligro, y mucho menos su única hija.

Pero Vaiana quería demostrar que había más peces al otro lado del arrecife. Tomó prestada una canoa y, con ayuda de su cerdito Pua, la empujó mar adentro.

Sin embargo, al poco rato se vieron expuestos al peligro y, cuando ya estaban cerca del arrecife, unas olas gigantes volcaron la canoa.

Vaiana llegó a la orilla arrastrando a Pua… y se sorprendió al ver allí a su abuela Tala. Vaiana le dijo que su padre tenía razón y que el océano era peligroso. Había llegado la hora de colocar su piedra en la montaña.

Su abuela no intentó disuadirla. En vez de ello, decidió revelarle el mayor secreto de la isla.

Tala llevó a Vaiana hasta una cueva secreta y le dijo que dentro hallaría la respuesta a su mayor pregunta: quién era.

—Entra, toca el tambor y descúbrelo.

Vaiana avanzó por un túnel oscuro y frío. Después de pasar junto a una gran roca, apareció ante ella algo increíble: una cueva gigantesca llena de hermosas barcas.

A Vaiana se le aceleró el corazón cuando subió a la cubierta de una de las embarcaciones. Allí vio un tambor de hendidura. Sin dudarlo, agarró las baquetas, golpeó el tambor y un eco con gran ritmo respondió a su acción.

Al instante, una ráfaga de viento atravesó la cueva y el fulgor de las antorchas aumentó. Aquella intensa luz iluminó unas telas enormes con representaciones ancestrales. Las travesías por mar abierto de los antiguos habitantes de la isla parecieron cobrar vida ante sus ojos. ¡Sus antepasados no se habían limitado a vivir en los confines del arrecife!

—¡Éramos navegantes! —gritó Vaiana mientras salía de la cueva—. ¿Qué ocurrió?

—Maui —respondió la abuela Tala.

Le explicó que, después de que el semidiós robara el corazón de Te Fiti, la oscuridad se extendió, los peces huyeron y la vida de las islas se fue consumiendo.

También le contó que alguien debía encontrar a Maui y convencerlo para que devolviera el corazón a Te Fiti. Entonces, le entregó aquella piedra brillante que el océano le había regalado cuando era una niña. Tala la había recuperado.

—¡Estaba allí el día en que el océano te eligió!

La marea subió mágicamente para celebrar las palabras de Tala.

Poco después, Vaiana irrumpió en la reunión del consejo para contar su descubrimiento.

—¡Podemos salvar la isla! Hay una cueva llena de barcas. Podemos zarpar en ellas, encontrar a Maui y devolver el corazón a Te Fiti. Éramos navegantes, ¡podemos volver a serlo!

Tui se enfureció. Cansado de oír hablar sobre navegar más allá del arrecife, amenazó con quemar las barcas de la cueva. Arrebató el corazón de las manos de Vaiana y lo arrojó lejos.

—¡No hay ningún corazón! ¡Esto es sólo una piedra!

Vaiana salió corriendo y recuperó el corazón, pero se paró en seco al ver el bastón de Tala en el suelo. En aquel instante entendió que algo iba mal.

Vaiana entró en la cabaña de su abuela y se arrodilló junto a ella. Aunque estaba muy débil, la anciana se quitó el collar que llevaba alrededor del cuello, ensartó en él el corazón y se lo entregó a Vaiana.

—Ve —le susurró—. El océano te eligió... y cuando encuentres a Maui, debes decirle: «Soy Vaiana de Motunui. Sube a mi barca y juntos navegaremos por el océano y devolveremos el corazón a Te Fiti».

También le indicó que, para encontrar a Maui, debía navegar hacia la constelación del anzuelo.

—Pero no puedo dejarte, abuela —insistió Vaiana.

Su abuela le sonrió y le dijo:

—Vayas donde vayas, siempre estaré contigo. Ve.

Vaiana entró en su cabaña y, con ayuda de Sina, reunió provisiones. La muchacha se alegró al ver que su madre la apoyaba.

Vaiana regresó a la cueva y empujó una de las barcas hasta la laguna. Mientras remaba hacia el arrecife, vio apagarse la luz de la cabaña de su abuela. Aquello era señal de que Tala había fallecido.

Entonces, una mantarraya brillante pasó por debajo de la barca y cruzó el arrecife. ¡Era el espíritu de Tala, que la animaba a seguir adelante! Vaiana la siguió y ¡se encontró en mar abierto! Ahora debía localizar a Maui.

Al amanecer, descubrió que la acompañaba el gallo Heihei. También le sorprendió ver lo difícil que era manejar la barca y mantenerla en dirección a la constelación del anzuelo.

De pronto, se desató una tormenta que los hizo naufragar en un islote. Vaiana vio una roca con miles de anzuelos grabados y enseguida supo quién vivía ahí.

¡Maui era el habitante de aquel islote!

Vaiana empezó a recitar el discurso que tenía preparado:

—Maui, semidiós del viento y del mar con poder para transformarte, yo soy Vaiana de Motunui y...

Pero Maui la interrumpió y se puso a alardear sobre todo lo que había hecho él por la raza humana. Luego presumió de sus tatuajes, sobre todo de Mini Maui, un pequeño grabado de sí mismo que cobraba vida y se movía entre los otros tatuajes para explicar su significado.

Vaiana se sintió frustrada. Dijese lo que dijese, Maui asumía que le estaba agradeciendo que fuera un semidiós heroico. Su única respuesta era: «¡No hay de qué!».

A pesar de todo, Vaiana no pudo evitar dejarse llevar por la euforia de Maui mientras éste le contaba que había otorgado el fuego a los humanos, alargado los días reteniendo el sol con su anzuelo e incluso creado los cocos. Entonces, cuando empezaba a sentirse a gusto con Maui, ¡éste la hizo entrar en una cueva y la encerró!

Aunque el semidiós había llevado a cabo grandes hazañas, necesitaba una barca para poder abandonar el islote. Ahora que tenía la de Vaiana, estaba listo para ir en busca de su anzuelo mágico.

Muy indignada, Vaiana se las arregló para pasar por un agujero que había entre las rocas. Una vez fuera de la cueva, se zambulló en el mar para intentar alcanzar a Maui, que acababa de zarpar.

Vaiana se estaba quedando atrás, pero ¡de pronto el océano la posó en la cubierta de la barca!

Maui y Vaiana se quedaron estupefactos. Definitivamente, el océano quería que viajaran juntos.

Para explicarle su misión, Vaiana enseñó a Maui el corazón de Te Fiti y le pidió que lo devolviera a su lugar legítimo. Maui retrocedió unos pasos.

—Eso no es un corazón, es una maldición —repuso—. Una vez que lo tuve en mis manos, salí despedido por los aires y perdí mi anzuelo. ¡Apártalo de mí!

Vaiana balanceó la piedra para provocarlo y le dijo:

—¿El corazón? ¿Te refieres a este corazón de aquí?

Justo entonces, una lanza pasó rozando a Heihei y se clavó en la barca de Vaiana.

—Los kakamora… —murmuró Maui con el ceño fruncido—. Pequeños bandidos asesinos…

De repente, se vieron rodeados por los kakamora, unas pequeñas criaturas enfundadas en armaduras hechas con cocos, que trepaban por la jarcia y arrojaban lanzas afiladas. Maui agarró el timón.

—¡Tensa la botavara y amarra velas! —gritó.

Vaiana, que no sabía nada de navegación, no entendió lo que le estaba diciendo.

—¿No puedes transformarte o hacer algo? —le preguntó ella.

—¿Ves mi anzuelo por alguna parte? —contestó Maui—. ¡Pues sin anzuelo no hay poderes!

Un kakamora derribó a Vaiana y el corazón de Te Fiti fue a parar a la cubierta. Entonces ¡Heihei se lo tragó! Uno de los bandidos agarró al gallo y se lo llevó al barco pirata. Maui quería escapar, pero Vaiana se hizo con el timón y fue en busca de Heihei y el corazón.

La joven se enfrentó a los bandidos y consiguió rescatar a Heihei. Se deslizó por una tirolina, mientras sostenía al gallo con la boca, y aterrizó en su barca de un batacazo.

Cuando se alejaban del barco pirata, Heihei escupió el corazón.

Tras la exitosa aventura, Vaiana estaba lista para ir a la isla de Te Fiti. Pero Maui estaba convencido de que habían ganado a los kakamora sólo gracias a sus habilidades.

—No puedes devolver el corazón sin mí —le dijo—, y yo no quiero ir. Me voy a buscar mi anzuelo. Fin de la discusión.

—Si lo devuelves, serás el héroe de todos —replicó ella para persuadirlo mientras le mostraba el corazón.

El semidiós vaciló, pero sabía que sin su anzuelo nunca conseguiría derrotar a Te Kā, el monstruo de lava.

—Primero recuperaremos mi anzuelo —insistió Maui.

—Y luego salvaremos el mundo —concluyó Vaiana.

—De acuerdo, trato hecho —accedió el semidiós.

Maui cambió de rumbo para ir en busca de su anzuelo. Vaiana le pidió que le enseñara a surcar los mares, pero Maui se negó. Sin embargo, cambió de opinión cuando el océano le clavó en el trasero un dardo extraviado de los kakamora, que le paralizó todo el cuerpo, excepto la cabeza. Eso significaba que ahora Vaiana debía aprender a navegar.

Con aire reticente, Maui le explicó cómo interpretar las estrellas, el sol, las corrientes y el viento. No era fácil, pero Vaiana puso mucho empeño y en ningún momento se rindió.

Pronto llegaron a una aguja rocosa muy alta, que era la entrada de Lalotai, el reino de los monstruos. Según Maui, ahí era donde Tamatoa, un monstruo que adoraba los objetos brillantes, guardaba su anzuelo.

—Es un carroñero —explicó Maui—. Se dedica a coleccionar cosas porque piensa que eso lo convierte en un tipo interesante.

Maui quería que Vaiana se quedara en la barca, pero ella empezó a trepar por la roca. Maui la miró escéptico.

—De toda la gente de tu isla, ¿por qué decidieron, mmm, a ver cómo lo digo... mandarte a ti?

—A mi me eligió el océano —contestó Vaiana.

—Si el océano es tan listo, ¿por qué no devolvió él mismo el corazón a Te Fiti? —replicó Maui.

Cuando llegaron a un altiplano que había en la cima de la aguja rocosa, a Vaiana le asaltaron las dudas.

El semidiós golpeó el suelo y éste dejó al descubierto un enorme túnel que atravesaba la roca. Al fondo se veía un remolino de agua. Maui profirió un grito de guerra y saltó al abismo. Vaiana estaba asustada, pero al ver que el portal empezaba a cerrarse, también saltó.

Vaiana se zambulló en el agua y cruzó el océano hasta llegar a un extraño mundo submarino. Un monstruo gigantesco la atrapó con la lengua, pero tras una pugna con otra rara criatura la soltó y Vaiana pudo escapar.

Lalotai era un lugar oscuro y brillante. La sombra de otro monstruo se interpuso en el camino de Vaiana, pero cuando éste se acercó... ¡Ffffsh! Un géiser lo propulsó muy lejos.

La joven se asomó a una cueva y observó un muro con objetos brillantes incrustados. ¡Y en lo alto estaba el anzuelo de Maui! Entonces, a éste se le ocurrió usar a Vaiana de cebo.

—Cuando Tamatoa aparezca, distráelo —le pidió Maui.

De repente, el suelo empezó a temblar. ¡Era el monstruo que se estaba levantando! Lo que habían tomado por un muro era en realidad el caparazón de Tamatoa, el monstruoso cangrejo.

Tamatoa lanzó a Vaiana por los aires y la atrapó con su pinza.
—¿Qué haces aquí abajo, humana? —rugió.
Maui hizo señas a Vaiana para que siguiera con su plan.
—Bueno, es que eres tan… hermoso —improvisó la joven.
Tamatoa supuso que aquella humana sólo quería que le hablara de sí mismo… ¡y ése era su tema de conversación favorito!

Mientras el cangrejo explicaba sus virtudes, Maui se hizo con el anzuelo y se dispuso a transformarse en un feroz halcón para darle una lección a Tamatoa.

Pero la magia no funcionó como esperaba. Se convirtió en un pez, en un insecto, en un cerdo y, por fin, de nuevo en Maui. ¡El semidiós había perdido el control del anzuelo!

Al ver que no tenía nada que temer, Tamatoa derribó a sus enemigos y recuperó el anzuelo. Vaiana, que sabía que el monstruoso cangrejo adoraba las cosas relucientes, tuvo una idea.

—¡Tengo algo brillante para ti! —gritó mientras le mostraba el corazón de Te Fiti.

Vaiana salió corriendo, pero tropezó y perdió la piedra. Mientras Tamatoa intentaba hacerse con ella, la joven se subió a su caparazón, recuperó el anzuelo y emprendió la huida con Maui.

—Pero, ¿y el corazón...? —balbuceó aquél.

—¡Tengo uno mejor! —respondió ella.

¡Había engañado al monstruo cambiando el corazón por un percebe! Preso de la ira, Tamatoa derribó una pared de la cueva y, gracias a ello, Vaiana y Maui pudieron escapar.

Una vez fuera de la cueva, Vaiana situó a Maui sobre el agujero de un géiser. Se oyó un silbido y, justo a tiempo, brotó un potente chorro de agua que los dejó fuera del alcance del monstruo y los propulsó hasta la superficie del océano. Mientras salían disparados, Maui fue adoptando diferentes formas.

Cayeron en aguas poco profundas, cerca de la aguja rocosa que daba entrada al reino de Lalotai.

—¡Genial! Estamos vivos, estamos... —exclamó Vaiana mientras miraba sorprendida a Maui. ¡El semidiós se había transformado a medias y ahora tenía la cabeza de un tiburón!

Por suerte, la transformación fallida no duró demasiado. Maui era consciente de que habían escapado de Tamatoa por los pelos y no se veía capaz de enfrentarse a Te Kā.

Maui, que no creía posible recuperar su poder, se sentó a mirar el mar. Entonces Vaiana se fijó en uno de sus tatuajes.

—¿De dónde los sacaste? —le preguntó.

El semidiós le contó que aparecían después de cada aventura vivida. Pero el que observaba Vaiana mostraba algo diferente.

—Nací humano. Mis padres eran humanos, pero al verme me tiraron al mar, como si no valiera nada. Los dioses me rescataron y criaron, y al crecer me regalaron el anzuelo.

Al regresar con los humanos, Maui entendió que podía ganarse su estima dándoles todo lo que necesitaban para vivir.

—Yo era... el gran Maui —musitó.

—Tal vez los dioses te encontraron por una razón... —le dijo ella—. Pero ellos no te hicieron ser quien eres. Fuiste tú mismo.

Maui intentó disimular que estaba emocionado. Por fin, sintió que estaba preparado.Tras ejercitarse un poco, recuperó su poder y logró convertirse en un gran halcón. ¡Maui había vuelto!

Mientras surcaban las aguas, Maui dio las gracias a Vaiana enseñándole todo lo que sabía sobre navegación.

Maui y Vaiana se sentían en plena forma cuando divisaron la isla de la diosa Te Fiti. ¡Habían conseguido cruzar el océano!

Pero, mientras lo celebraban, empezó a caer una lluvia de ceniza. Entonces, con un rugido feroz, ¡el monstruoso Te Kā se alzó por encima de ellos!

Rápidamente, Maui se transformó en un halcón, cogió el corazón con las garras y se fue volando hacia la isla madre.

¡Pero Maui no pudo llegar a la isla! Te Kā se abalanzó sobre él y, mientras caía, fue recuperando su forma humana. Vaiana agarró el timón, se acercó a Maui y lo subió a bordo. A continuación, viró la embarcación para enfrentarse al monstruo de lava.

—¡No lo lograremos! ¡Vaiana, detente! —le gritó Maui.

De repente, el puño del monstruo se dirigió hacia la barca. Maui se colocó de un salto delante de Vaiana y levantó el anzuelo justo a tiempo. ¡Crac!

Te Kā dio un puñetazo que provocó una enorme ola y alejó la barca de la isla. Además, el anzuelo de Maui se había roto.

—Como Te Kā es de lava, no puede meterse en el agua. ¡Podemos desviarnos para intentar llegar desde otro punto! —argumentó Vaiana.

—Te dije que dieras la vuelta —le reprochó Maui.

—Podemos repararlo —dijo ella mirando el anzuelo roto.

—¡Lo fabricaron los dioses! —exclamó Maui—. Tú no puedes arreglarlo. ¡Sin mi anzuelo no soy nada!

Vaiana rogó a Maui que lo reconsiderara y le recordó que el océano la había elegido a ella.

—El océano eligió mal —repuso él fríamente.

El enfurecido semidiós se las arregló para transformarse en un halcón y se alejó surcando el cielo nocturno.

Derrotada, Vaiana se dejó caer de rodillas. Maui se había ido, su barca estaba destrozada y se sentía muy sola. Sosteniendo el corazón sobre las olas, dijo al océano:

—Elegiste a la persona equivocada. ¡Escoge a otra! Por favor...

Lanzó la piedra verde al agua y vio como se hundía hasta desaparecer.

De repente, una mantarraya brillante pasó por debajo de la barca.

—Has ido mucho más allá del arrecife —le dijo una voz que le resultó familiar.

Vaiana se dio la vuelta y vio la resplandeciente figura de su abuela Tala.

—Lo intenté —se lamentó Vaiana—. Pero no pude hacerlo.

—Nunca debí sobrecargarte con esta gran responsabilidad. Si estás lista para volver a casa, yo estaré contigo —le dijo Tala sonriendo.

Pero Vaiana no quería regresar. Había llegado más lejos que nadie y había sido capaz de enfrentarse a los monstruos. Seguiría adelante, porque eso era lo que le hacía ser ella misma.

Mientras hablaba, los espíritus de sus ancestros navegaban a su alrededor en enormes barcas, instándola a seguir adelante.

Entonces, Vaiana tomó una decisión. Se zambulló en el océano, nadó hasta las profundidades y recuperó el corazón de Te Fiti.

Cuando emergió del agua, era de noche y corría una ligera brisa. Su abuela se había marchado, pero su confianza había vuelto. Sin perder ni un segundo, arregló la vela de la barca y la amarró.

A continuación dijo estas palabras: «Soy Vaiana de Motunui. A bordo de esta barca cruzaré el océano… y devolveré el corazón a Te Fiti».

Vaiana maniobraba la embarcación con destreza. ¡Esta vez se sentía totalmente preparada para cumplir su misión!

Cuando Vaiana se acercó a la isla madre, Te Kā se alzó sobre la joven, lleno de ira. El monstruo le bloqueó el paso lanzándole enormes bolas de lava, pero Vaiana fue esquivándolas una tras otra con extrema habilidad.

Sus movimientos rápidos y precisos entre las nubes de humo y niebla lograron confundir y engañar al monstruo.

Cuando por fin Te Kā pudo localizar a Vaiana, la joven ya había conseguido traspasar las islas barrera.

No obstante, mientras Vaiana navegaba hacia Te Fiti, Te Kā dio un fuerte puñetazo al océano. La barca volcó y Vaiana fue a parar al agua. En ese instante, Te Kā se dispuso a lanzar un último golpe fatídico.

Pero entonces apareció Maui, que se interpuso entre el monstruo y Vaiana blandiendo su anzuelo roto, y fue él quien encajó el golpe.

—¡Maui! —gritó Vaiana—. Pero tu anzuelo...

—Estábamos hablando acerca de lo que me dijiste —dijo Maui, refiriéndose a Mini Maui—, y me he dado cuenta de que el único que puede decidir quién debo ser soy yo mismo. Y ahora ve a salvar el mundo, tú eres la elegida.

Mientras Maui se transformaba primero en una ballena, luego en una lagartija y al final en un halcón para distraer y confundir a Te Kā, Vaiana escaló una de las laderas de la isla madre.

Llegó a la cima y se detuvo en seco. Allí sólo había un enorme cráter. La isla que una vez había existido ahora ya no estaba. ¡Te Fiti había desaparecido! No había ningún sitio al que devolver el corazón.

Vaiana se dio la vuelta procurando escuchar su voz interior... y entonces supo lo que debía hacer.

Junto a la orilla, Vaiana alzó la mano que albergaba el corazón y se dirigió al océano:

—Deja que venga a mí.

Como respuesta, las aguas se abrieron y formaron un camino hasta Te Kā. El monstruo se giró y se acercó raudo hacia la joven, que empezó a tararear la canción de sus ancestros.

Te Kā aminoró el paso y se detuvo frente a Vaiana. Con suavidad, la joven extendió el brazo y colocó el corazón en el pecho de Te Kā.

De repente, la parte rocosa de Te Kā se resquebrajó y un intenso resplandor salió de su pecho. ¡La diosa Te Fiti estaba tomando forma y cada vez era más alta, grande y verde!

Te Fiti tomó a Vaiana y a Maui con su mano.

—Mira —dijo Maui—, lo que hice... No tengo excusa, lo hice por capricho... y lo siento mucho.

Te Fiti aceptó las disculpas de Maui y le devolvió su anzuelo, ¡de una pieza y totalmente arreglado!

Envuelta en una lluvia de flores, la barca de Vaiana llegó a la orilla, ¡también reparada por completo! Te Fiti sonrió.

La vida volvía a brotar, y se extendía por toda la isla y mucho más allá.

Vaiana y Maui sabían que había llegado la hora de partir. Mientras iban hacia la orilla con Heihei, la joven dijo al semidiós:

—Ven con nosotros. Mi pueblo necesita un navegante experto.

—Ya lo tienen —dijo Maui.

En ese momento, sobre el corazón del semidiós apareció un nuevo tatuaje que representaba a Vaiana en su barca. Tras dar un último abrazo a su amiga, Maui se transformó en halcón y se alejó volando.

En Motunui, las plantas marchitas verdeaban de nuevo. ¡La isla estaba reviviendo! Desde la playa, Sina vio a su hija entrar en la laguna. Todo el pueblo recibió con gran alegría a Vaiana y a Heihei.

Inspirados por Vaiana, los aldeanos creyeron que había llegado el momento de recuperar su herencia. Pero la joven tenía algo más que hacer. Subió a la cima de la montaña y colocó una caracola en la pila de piedras que le había enseñado su padre.

Vaiana estaba preparada para ejercer de jefa de su pueblo, pero lo haría a su manera. Estaba impaciente por enseñarles una nueva forma de vivir, y así poder navegar por un mundo libre y lleno de aventuras.

Era una guerrera y una exploradora vivaz, valiente, querida por sus amigos y sus antepasados y muy consciente de su voz interior, que la alentaba a seguir el dictado de su corazón. ¡Ella era Vaiana!